I0817161

Peces luna

Grace Hansen

Abdo Kids Jumbo es una subdivisión de Abdo Kids
abdobooks.com

abdobooks.com

Published by Abdo Kids, a division of ABDO, P.O. Box 398166, Minneapolis, Minnesota 55439.

102018

012019

Spanish Translator: Maria Puchol

Photo Credits: Alamy, Glow Images, iStock, Seapics.com, Shutterstock

Production Contributors: Teddy Borth, Jennie Forsberg, Grace Hansen

Design Contributors: Dorothy Toth, Laura Mitchell

Library of Congress Control Number: 2018953948

Publisher's Cataloging-in-Publication Data

Names: Hansen, Grace, author.

Title: Peces luna / by Grace Hansen.

Other title: Mola Ocean sunfish

Description: Minneapolis, Minnesota : Abdo Kids, 2019 | Series: Especies extraordinarias | Includes online resources and index.

Identifiers: ISBN 9781532184093 (lib. bdg.) | ISBN 9781532185175 (ebook)

Subjects: LCSH: Ocean sunfish--Mola Mola--Juvenile literature. | Body size--Juvenile literature. | Animals--Size--Juvenile literature. | Animal Behavior--Juvenile literature. | Spanish language materials--Juvenile literature.

Classification: DDC 597.64--dc23

Contenido

El gigantesco pez luna

El pez luna es el **pez óseo** más pesado del mundo.

El pez luna vive en los océanos de todo el mundo. A menudo son vistos en aguas templadas cerca de las **costas**.

El nombre científico del pez luna es *Mola mola*. Mola en **latín** significa "**piedra de molino**". Recibió este nombre debido a su cuerpo en forma de roca.

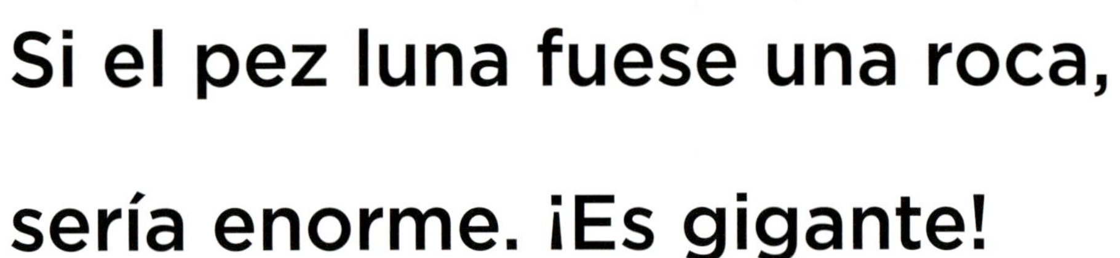

Si el pez luna fuese una roca,

sería enorme. ¡Es gigante!

GRADY-WHITE

El pez luna puede llegar a pesar 5,000 libras (2,268 kg). ¡Más que el peso de dos tiburones blancos juntos!

El pez luna puede llegar a medir 14 pies (4.3 m) de altura. Eso es más que una canasta de baloncesto de la liga profesional.

Pueden llegar a medir 10 pies (3 m) de largo. Más que la mayoría de los delfines.

¿Tiburón o pez luna?

El pez luna tiene unas **aletas dorsales** enormes. A menudo son confundidas por las de un tiburón.

Alimentación

Estos peces gigantes tienen la boca pequeña. ¡Aún así se las arreglan para comer mucho! Su alimento favorito son las medusas.

Más datos

- El pez luna al nacer solamente mide una décima parte de pulgada (2.54 mm) de largo.
- Un pez luna adulto pesa 60 millones de veces más que al nacer.
- Los peces luna no son buenos nadadores. Su aleta caudal, llamada el clavus, no llega a crecer del todo.

Glosario

aleta dorsal – aleta en la espalda de un pez.

costa – tierra que limita con el océano.

latín – lengua de la Antigua Roma.

pez óseo – pez con esqueleto de huesos.

piedra de molino – piedras circulares que sirven para moler.

Índice

¡Visita nuestra página **abdokids.com** y usa este código para tener acceso a juegos, manualidades, videos y mucho más!